Ll² ⁵₁

nVngVaM Læsa sIC Integra fIDes

# ESTAT
## DE L'ILLVSTRE
Confrerie De Sainct
# GEORGE:
En La franche Bourgongne,
Auec
Les armes, blasons, et
Receptions dés
Srs Confreres Viuants
## M·D·C·LXIII·

B.R 16 63.

FIDE ET LIBERTATE        CONFISA RESTAT AVORVM·

Offert et graué aux frais De Pierre   De Loify Maiſtre Orphaiure, et
Graueur des Monnoyes de Beſançon   et par luy debité en ladite Cité.

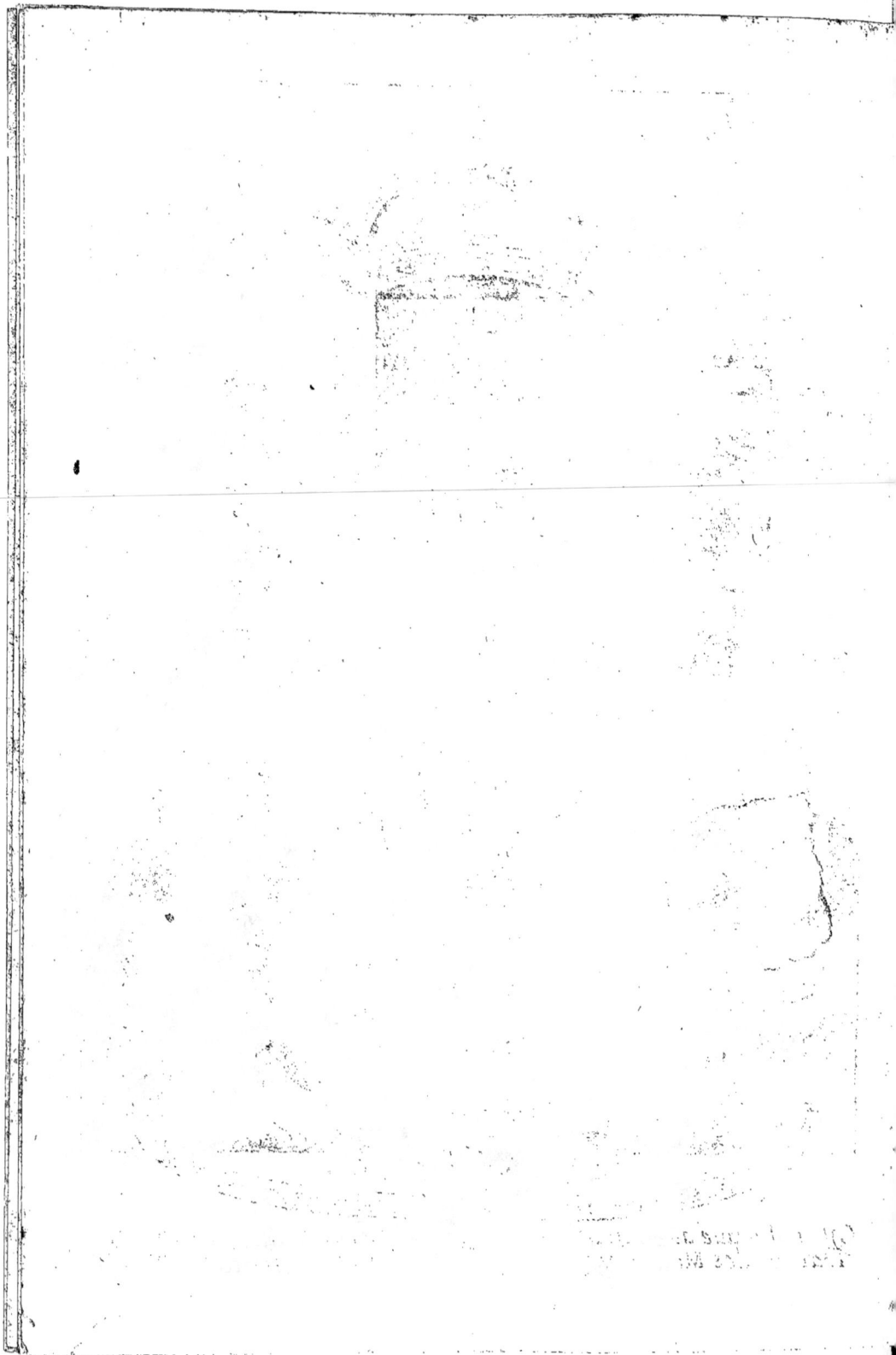

# ESTAT

## DE

# L'ILLVSTRE CONFRERIE

# DE SAINT GEORGE,

## AVTREMENT DICTE DE ROVGEMONT,

### EN LA FRANCHE COMTE' DE BOVRGONGNE.

*AVEC LES NOMS, SVRNOMS, RECEPTIONS,*
*Armes, & Blasons d'vn chacun des Seigneurs Confreres, viuants en la*
*presente Année M. DC. LXIII.*

ET CELLES DE LEVRS LIGNES DE NOBLESSE,
soubs lesquelles ils ont esté reçeus en ladite Confrerie.

*Offert & Graué aux frais de* PIERRE DE LOISY, *Maistre Orphebure*
*& Graueur des Monnoyes de Besançon, & par luy debité en ladite Cité.*

A BESANCON,
Par IEAN COVCHE' Imprimeur Iuré.

M. DC. LXIII.

# A SON EXCELLENCE,
# MONSEIGNEVR,
## MONSEIGNEVR LE MARQVIS D'YENNE
### DV CONSEIL DE GVERRE DE SA MAIESTE',
#### GENERAL DE BATAILLES EN SES ARME'ES,
##### Lieutenant General, & Gouuerneur de fes Pays
###### & Comté de Bourgongne & de Charrolois &c.

*MONSEIGNEVR,*

**M** *Ie ne pouuois dédier ( fans offencer en mefme temps & mon inclination & mon deuoir) à l'Illuftre Corps de la Confrerie de Saint George, ce petit Recueil que j'ay fait des Blafons de Leurs Armes, que ie ne l'aye auparauant offert comme ie fais en tout refpect & foumiffion à VOSTRE EXCELLENCE: Puis que c'eft à fon aueu, & que reprefentant l'Augufte & Royale Perfonne de leur Souuerain, elle eft comme le Chef d'vne fi Genereufe troupe, & les honorant de fa prefence & de fes confeils leur fert comme d'vn Soleil & d'vn premier Mobile dans la fidelle obeiffance & l'Inuiolable Fidelité qu'ils ont voüé & jurent à S. M. en leur Reception & eftabliffement en ladite Confrerie. Ce ne leur eft pas peu d'honneur que S. M. aye eu la bonté de choifir vn Seigneur dans leur Illuftre Corps pour Gouuerner l'vne de fes plus cheres & fidelles Prouinces; mais c'eft vne gloire toute particuliere à V. E. D'auoir merité ce grand Employ non fculement par la fplendeur de fon illuftre Naiffance, & par les grands & fignalés Seruices rendus dans les plus confiderables charges, & digniteZ de l'Eftat par fes deuanciers & ceux de fon Illuftre Nom; mais par fa propre vertu & par fes actions toutes heroïques. En effet, MONSEIGNEVR, l'on n'entendra jamais dire que le Soleil aye acheué par vingt-huit fois fa courfe annuelle, auant que vous ayieZ remis l'Efpée au foureau & qu'il n'aye efté autant de fois tefmoin de voftre infigne valeur ; que l'on ne donne des*

A

loüanges toutes particulieres à ce grand Monarque, de vous auoir accueilli auec tant de demonstration de bienueillance, & des tesmoignages si publiques de l'estime qu'il fait de vostre personne & de vos Seruices, lors qu'apres le traitté de Paix vous vous acheminastes en sa Royale Cour, pour luy offrir le reste de vostre sang & cette espée toute Glorieuse pour dompter l'orgueil de ses Rebelles suiets : Et personne n'ignore qu'il n'y a eu que l'amour de vostre chere Patrie, & le soing que vous auez toûjours eu pour sa conseruation, qui vous a pu obliger de mesprifer genereusement tous les grands employs qui vous regardoint, & qui vous estoint offerts, pour accepter le choix que ce grand Monarque auoit fait de vostre Personne pour le Gouuernement de sa Franche & Fidelle Bourgongne. Il falloit ce seul BAVME à nos maux, & pour la Guerison de tant de Playes qne cette pauure Prouince auoit reçeües pendant la plus desastreuse saison qui fust iamais, & vostre Modestie me permettra mesme d'auançer, qu'aucun autre ne pouuoit mieux representer l'Auguste personne, & porter plus digne-ment le glorieux nom du Grand PHILIPPE : Toute l'Europe est temoing de cette verité, la Renommée publiera toûjours les merueilles de vos actions, & il n'y aura que vostre seule humilité qui en veuille ignorer les Eloges ; pour moy, MON-SEIGNEVR, ie me contenteray d'en estre l'admirateur, & dans la zelée obeÿssance que i'ay voüée à vostre grandeur, pouuoir meriter qu'elle daigne reçeuoir de bon œil ce petit Ouurage, qui ne peut porter vn plus glorieux frontispice que celuy de vostre Illustre Nom, ny des respets plus grands que ceux que rendra incessamment celuy qui est


MONSEIGNEVR


DE VOSTRE EXCELLENCE


Le Tres-humble, tres-obeißant & tres-zelé Seruiteur,
PIERRE DE LOISY.

# A MESSIEVRS

# MESSIEVRS

# LES CONFRERES

## DE L'ILLVSTRE CONFRERIE

### DE SAINT GEORGE.

*ESSIEVRS,*

*Bien que la Pieté foit vne vertu, qui caufe de la veneration à
tous ceux qui ont le bon-heur d'en eftre doüés, & qu'elle paroiffe auec
des charmes tous particuliers en toutes fortes de perfonnes : elle a
toutesfois bien plus d'éclat aux fuiets releués fur le commun qu'à ceux d'vne mediocre
ou baffe naiffance. L'on la peut enfin nommer la vertu des Grands auec d'autant plus
de Iuftice qu'approchant plus de la Diuinité & du premier Principe que les autres, ils fem-
blent auffi eftre de tant plus obligez au culte de ce Diuin Objet, que plus ils en approchēt & que
ceux-cy s'en trouuent éloignez ; Et nonnobftant qu'vn tas d'Athées & de vitieux la veuillent
loger dans les feuls Monafteres, on l'a vcu toutesfois paroiftre auec Majefté dans la Pourpre,
Les Cilices & les haires n'ont iamais obfcurcy la Majefté d'vn manteau Royal, & les Dif-
ciplines qui fe voyent encore aujourd'huy teintes du plus áugufte Sang qui foit au monᵈe ,
& qui fe donnent par les plus grands Monarques à leurs Succeffeurs comme vn gage de leur
amour, & vne des plus riches pieces de leur Royale fucceffion ; fermeront toūjours la bou-
che à ces ieunes infenfés qui veulent rendre la Pieté roturiere & indigne d'vn grand cœur &
d'vn genereux courage : Comme fi toutes les Hiftoires ne nous fourniffoint pas des exemples
du contraire & qu'il ne fe foint veus aux fiecles paffés des Elzear & des Ioyeufe, mener vne
vie plus angelique qu'humaine dans vne Cour, & en celuy-cy des Tilly & quantité d'autres
faire honte à des Religieux au mᵉfme temps que par leur experience militaire, leur grand &
magnanime courage, & la force inuincible de leurs bras, ils conduifoint les Armées entieres
affiegeoint & fe rendoint Maiftres des Places, & terraffoint l'orgueil & l'infidelité*

A ij

*des ſujets rebelles à leur Souuerain. I'ay reſſenti & reconnu l'experience de cette verité*, MESSIEVRS, *quand j'ay veu ces iours paſſés lors de la celebrité de voſtre Confrerie dans l'Egliſe des Peres Carmes de l'ancienne Obſeruance de noſtre Cité parmy le nombre de voſtre Illuſtre Corps tant de vaillants & magnanimes courages porter vn Cierge, aſſiſter aux Diuins Offices, & faire toutes les fonctions d'vn pieux & deuot Confrere auec autant de ponctualité que s'il euſſent eſté à la teſte d'vne Armée ou d'vn Regiment. I'ay veu enfin plus d'vne fois auec admiration, des mains toutes Guerrieres ſe ſeruir auſſi bien d'vn Chappelet qu'elles ont toûjours fait d'vne eſpée. Tous nos Citoyens ſeruiront d'autant de témoins, & d'Admirateurs de cette genereuſe deuotion & d'vne ſi exemplaire frugalité dans les feſtins qui ont accompagné cette ſolemnité, en ſorte que ie puis aduancer iuſtement, que ſi vous auez fait paroiſtre & eſclater vne Vertu toute Martiale où il s'eſt agy du ſeruice de voſtre Souuerain & de la Patrie, à l'Exemple de tant de Genereux & Fideles Anceſtres qui compoſent voſtre Naiſſance & vos Lignes de Nobleſſe : vous n'auez rien oublié pour imiter leur ancienne & ſinguliere Pieté digne d'vne Prouince qui a eu l'honneur de conſeruer iuſques à preſent le bien & la pureté de la Religion, qui a cauſé meſme le nom de Tres-Chreſtienne à la France, & qui a demeuré dans vne conſtance inebranlable au culte du vray Dieu & à la fidelité qu'elle doit à ſes Princes. Il faut auoüer MESSIEVRS, que ce n'a pas eſté vne petite ſatisfaction à noſtre Cité, d'auoir veu apres la perte de tant de vaillante & genereuſe Nobleſſe, immollée par cy-deuant à la fureur de la Guerre, vne quantité ſi remarquable de Perſonnes capables de tout oſer & de tout entreprendre pour le ſeruice du Souuerain & la conſeruation de cette chere Prouince. C'eſt ce qui les anime à ne s'écarter iamais des deuoirs de fideles ſujets & d'eſtre toûſiours preſts à voſtre exemple, de prodiguer leurs vies, & meſpriſer courageuſement tous les perils pour paruenir à vn but & à vne fin ſi ſouhaittable. C'eſt auſſi ce qui m'a obligé en particulier, de procurer que la memoire s'en conſerue dans vne longue & immortelle poſterité, par le moyen des eſcus d'Armes & de celle des Lignes de Nobleſſe, ſous leſquels tout ceux qui compoſent vne ſi genereuſe Copagnie ont eſté admis & jurés en voſtre Confrerie, affin que tout ceux qui y entreront auec vous, ſçachent d'où ils ont pris naiſſance, & qu'imitants vos vertueuſes & loüables actions, ils ſe rendent auſſi dignes de voſtre Sang, qu'imitateurs du Zele que vous auez pour la Maieſté du Roy voſtre Prince, & pour la conſeruation de cette fidelle Prouince : ce ſont des motifs trop preſſants pour ne pas eſperer de vos Generoſités, vn accueil fauorable à ce petit Ouurage que i'ay entrepris ſous vos ordres & que ie vous dedie icy en toute ſoumiſſion, m'eſtimant trop heureux ſi par ce mien trauail ie vous puiſſe cauſer quelque ſatisfaction, & vous témoigner la paſſion que i'auray toûſiours de paroiſtre par mes tres-humbles ſeruices.*

MESSIEVRS

*Voſtre Tres-humble & obeyſſant Seruiteur.*
PIERRE DE LOISY.

# AV LECTEVR.

L a femblé expedient & comme neceffaire, pour donner plus de fatisfaction à ceux qui auront la Curiofité de veoir ce petit Ouurage, de leur produire vn crayon & vne legere idée de l'Eftat de cette Illuftre Confrerie, foit dans fon Inftitution, foit dans les Statuts & Reglements, qui fi obferuent; afin que par cette connoiffance, l'on puiffe plus meurement juger de l'eftime qui doit eftre faite de tous ceux qui ont eu l'honneur d'y eftre admis.

Le Lecteur pourra donc s'affeurer que le commencement d'vn fi Catholique & genereux deffein fut enuiron l'an de falut 1390, & que l'on doit cette pieufe Inftitution à la deuotion particuliere de Philibert de Molans, Gentilhomme dont la Nobleffe eft affés connuë, mais qui la voulu accompagner de cette marque extraordinaire de Pieté. Ce fut au moyen des pretieufes & faintes Reliques du glorieux Saint George, par luy apportée de fon voyage du Leuans, qui l'obligerent de faire conftruire vne Chapelle proche l'Eglife Parochiale de Rougemont où il poffedoit vne partie de Seigneurie, & les ayant fait enchaffer pretieufement, il conuoqua tous les Gentils-hommes fes parents & amis pour affifter à vne Action fi digne, & fi glorieufe: Tous lefquels d'vn commun confentement furent les premiers promoteurs d'vne fi Noble entreprife. Et comme ledit Seigneur de Molans auoit fondé quantité d'Offices, pour l'eftabliffement de fa Chapelle, ils commencerent de former diuers Statuts entre-eux, qui fe rencontrent encor aujourd'huy dans les liures de leur Confrerie, & que l'on ne peut mettre icy, crainte de trop grande prolixité; & firent confequemment le premier Baftonnier d'icelle ledit Seigneur de Molans, qui donna enfuitte fa Maifon fife audit Rougemont à ladite nouuelle Con-

B

frerie, dediée au glorieux Saint George, pour y faire toutes les fonctions re-
quifes aux Statuts qui furent pour lors reglés, & qui n'ont eu autre objet que
ce qu'vne Ame noble & genereufe doit auoir, pour fe maintenir dans l'efclat,
& fe conferuer dans la pureté d'vne vraye & entiere Nobleffe, fçauoir le culte
& la Pieté enuers Dieu : & l'amour de leur Souuerain, & de leur Patrie.

Le premier paroift dans le ferment qui s'en exige à la Reception de chacun defdits Confreres, de viure & mourir dans la pure, vraye Foy Catholique
Apoftolique & Romaine, & par le moyen des diuins Offices qu'ils ont fondés
en ladite Chapelle, où ils font obligés d'affifter, & y aller proceffionnellemēt
deux à deux, felon l'ordre de leur Reception, auec vn Cierge de cire pure en
main, pour marque de la pureté de leur Nobleffe, & de celle qui fe doit atten-
dre de toutes leurs actions : precedents le Baftonnier qui y doit affifter auec
vn riche Bafton fur-hauffé de l'Image de Saint George, le tout d'Argent, & de
grand prix, & qui les doit défrayer tous, dés les Vefpres de la veille de ce
Saint, iufques au jour apres cette Fefte ; où l'on celebre vn Seruice folem-
nel pour le repos des Ames des Confreres Trefpaffez, & notamment des dé-
cedés pendant ladite année, dont les Efpées & Efcus d'Armes, accompagnés
chacun de leurs quatre Lignes font offerts à la Meffe par les Seigneurs Confreres plus prochains du Deffunct, & pour le repos de l'Ame defquels chaque
Confrere eft obligé de faire celebrer trois Meffes, & d'en donner certificat au
Seigneur Gouuerneur de la Confrerie, aux peines portées en leurs Statuts,
& Reglemens.

Le fecond fe fait remarquer par le ferment qu'ils renouuellent tous lors
de leur admiffion, de viure & mourir fous la domination de leurs legitimes
Souuerains, en quoy paroit auec éclat l'inuiolable fidelité qu'ils leurs ont jurés,
à l'exemple de leurs genereux deuanciers, dont ils ne fe font jamais écartés, &
ont merité par ce moyen leur approbation, & la confirmation d'vn Priuilege
qui ne fe rencontrera en aucune autre Nobleffe de l'Europe ; qui eft de faire
vn Corps d'affemblée fans luy en demander permiffion, & qui leur a efté con-
firmé iufques à prefent : Auffi font-ils fans contredit, en poffeffion d'vne fidelité & obeïffance qui feroit fouhaitable d'eftre imitée par tous les fujets de
cette grande, & puiffante Monarchie, qui en a reçeu des fruits qui ne démen-
tiront jamais la generofité, la Nobleffe & la Fidelité de la franche & fidelle
Bourgougne.

Ce qui fait que felon les Statuts ils ne peuuent eftre admis en ladite Confrerie par Procureur: mais qu'il conuient pour vne plus grande affeurance
d'vne fidelité fi remarquable qu'ils en preftent le ferment en leur propre perfonne, afin d'éuiter les inconuenients qui en pourroint furuenir.

Le

Le troifiéme motif de cette deuötieufe entreprife, ne fe peut mieux remarquer, que par l'vnion qu'ils ont tafché de conferuer, dans vne fi genereufe Compagnie, tant au moyen de l'efgalité, & de la feance des perfonnes fuiuant leur Reception, que par l'affoupiffement qu'ils ont procuré à leur poffible, de touts les differends, procés, & querelles qui fe treuuoint parmy eux ; obligeant vn chacun des Confreres de s'affuiettir au Iugement des Commis & Deputez qui en feroint donnez par le Seigneur Gouuerneur de ladite Confrerie, & par ce moyen conferuer entre eux vne Concorde & Fraternité fi fouhaittable & vtile au bien de la Patrie, puifque la Nobleffe en eftant le Bras droit, & les plus genereux Protecteurs, la conferuation de la Paix, dans cette Prouince ne fe peut efperer auec plus de facilité, que par cette heureufe vnion.

Les Gentils-hommes qui afpirent à eftre reçeus dans cette Illuftre Confrerie, foint obligez apres y eftre admis, de porter fur eux la figure d'vn Saint George d'Or pur, & du poids d'vne Piftole ou plus, aux peines portées dans leurs Statuts, & de preuuer quatre Lignes de Nobleffe furmontées chacune de trois afcendants de mefme qualité ; en forte que le Caualier pretendant foit le cinquiefme en Generation d'icelles; ce qui fe doit faire par Traittés de Mariage, Teftaments, Partages, & autres Tiltres authentiques. En fuite de laquelle Preuue exactement faite par deuant Seigneurs Commis & Deputés de ladite Confrerie, rapport & production de ces Tiltres deuant ladite affemblée, & lefdites quatre Lignes jurées chacune par vn Cheualier Confrere; en tant lefdites Lignes fe treuuent déja admifes en ladite Confrerie, finon par quatre diuers Gentils-hommes de mefme nature & Compagnie pour chacune des Lignes qui ny auroint pas 'efté encore reçeuës, le Seigneur Pretendant eft admis à la pluralité des voix. Ce qui luy donne vn éclat & vne fplendeur peu commune, qui la fait confiderer dans l'Europe comme vn des plus nobles & fignalés Corps de Nobleffe qui s'y puiffe rencontrer.

Mais ce qui fe rencontre de plus éclattant dans vne affemblée de Nobleffe de cette confideration, c'eft le reglement fait & refolu en cette prefente année, & conforme aux anciens Statuts, pour reprimer le Luxe qui s'y gliffoit, par vne profufion totalement éloignée des Motifs, qui ont donné origine à cette Illuftre Confrerie. Car cela l'à fait refoudre de ne point fouffrir, qu'il foit ferui, fur la table des Seigneurs Confreres autres mets n'y viande, que de groffe Venaifon, & au deffoubs, fans que l'on y puiffe adjoufter aucunes Volailles, qu'elle qu'elles foient, Sucrades, Confitures feiches, ou liquides, n'y Vin ou boiffon melangez en quelque maniere; pour faire veoir que leur affem-

blée n'a autre objet, que l'honneur, & le culte de la Religion : la fidelité enures
leurs Souuerains, & le vray amour le leur Patrie.

La croyance que le Graueur du present Ouurage a eu que cela pouuoit
donner de la curiofité à beaucoup de perfonnes de veoir les Noms & les
Bafons de ceux qui compofent cette Illuftre Compagnie au jour de la
Saint George de la prefente année mil fix cent foixante trois, luy a donné
fuiet de les offrir au Public & dedier à Meffieurs les Confreres de ce genereux Corps, pour leur témoigner le refpect & les deuoirs qu'il confer-
uera toufiours pour les interefts, l'honneur & le merite de leurs Perfonne :
puifque l'on voit clairement qu'imitants les vertueufes actions de leurs genereux Predeceffeurs, ils n'ont autre but qu'vne fidelité inuiolable enuers
Dieu & leur Souuerain, & vn amour fincere & veritable pour la conferuation de leur chere Patrie & de leur prochain, comme les trois princi-
paux motifs de leur Illuftre & infigne Confrerie.

Ie ne fçauroit iuftement cacher au public que Monfieur Varin
Sieur d'Audeul, ancien Cogouuerneur, & Iuge de la Mairie de cette Cité,
ne m'aye commniqué ce qui m'eftoit neceffaire pour la perfection de cét
Ouurage, comme il eft fort entendu dans les Blafons, & les Genealogies des
Maifons Nobles de cette Prouince, & des pays circonuoifins, dont il a
veu les principales Archiues en ayant efté perfuadé, d'autant plus volon-
tiers qu'il à toujours fait veneration toute particuliere, & obeiffante pour
Meffieurs de la Nobleffe, & notamment de cette Illuftre Compagnie.

# TABLE
# ALPHABETIQVE DE
## TOVTES LES MAISONS
### DONT LES ARMES ET BLASONS
#### SONT EXPRIME'ES EN CE PRESENT RECVEIL.

C

*F I N.*

LA BAVME    GRANDVELLE

BRVGES    BERCHEM

LA BAVME

PETRVS DE LOISY BISVNTINVS FECIT ET EXCVDIT 1667

# MESSIRE PHILIPPE
# DE LA BAVME,
## GOVVERNEVR ET LIEVTENANT
### GENERAL DE SA MAIESTE' EN SES PAYS
#### ET COMTE' DE BOVRGONGNE,
##### ET DE CHAROLOIS &c.

E Seigneur comme reprefentant l'augufte Perfonne du Souuerain, n'ayant point confequemment de Compagnon, eft hors de Rang, & ne fuit l'ordre de fa Reception, comme les autres Confreres, qui pour la veneration, & refpect qu'ils ont à leur Prince, députent deux de leur Corps, auec le Seigneur Gouuerneur de la Confrerie pour conduire fon Excellence à l'Offerte des Meffes, & le reconduire en fa place, auant que les Confreres y foient appellés fuiuant l'ordre de leur Reception. La fienne fut en la Confrerie tenuë en la Ville de Vefoul, lors qu'il n'eftoit encores que Bailly d'Amont en l'an 1650, eftant Baftonnier Claude de Poligny: où furent jurées fes quatres Lignes de Nobleffe, fuiuant les anciens Statuts; Sçauoir, La BAVME & BRVGES pour Paternelles, par Leonor Philibert de Vaudrey, & ledit Claude de Poligny: GRANDVELLE & BERCHEM pour Maternelles, par Iean François de Vy, & Pierre de Cleron.

La BAVME *Porte d'Or à la Bande d'Azur.*

GRANDVELLE *Porte d'Argent à trois Bandes de Sable, au Chef de l'Empire, qui eft d'Or à l'Aigle Imperiale de Sable.*

BRVGES *Porte d'Or à la Croix de Sable, efcartelé de Gueules au Sautoir d'Argent.*

BERCHEM *Porte Palé d'Argent & de Gueules de fix Pieces.*

MOVSTIER

MOVSTIER   PRA.

VY   BALAY

PETRVS DE LOISY BISVNTINVS FECIT ET EXCVDIT 1667

# GASPARD
# DE MOVSTIER,
## BASTONNIER DE LA CONFRERIE
### EN L'ANNE'E M. DC. LXIII.

CETTE qualité luy a donné ce rang pour cette premiere année seulement. Il fut reçeu en la Confrerie, tenuë en la Cité Imperiale de Besançon, & celebrée en l'Eglise des Reuerends Peres Carmes de l'ancienne Obseruance l'An 1648. Où il nomma pour ses Lignes Paternelles, MOVSTIER & VY, jurées par Claude Antoine de Vaudrey, & Affricain de Montagut: PRA & BALAY, pour Maternelles, jurées par Iean François de Vy, & Iean Adrien de Saliues.

MOVSTIER *Porte de Gueule au Cheuron d'Argent, accompagné de trois Aigles d'Or.*

PRA *Porte de Gueule à la Bande d'Argent, accompagné de deux Cors de chasse de mesme.*

VY *Porte d'Argent au Lyon de Sable Armé & Couronné d'Or.*

BALAY *Porte de Sable au Lyon d'Or.*

VY

CHASSEY

VY

BOVRBEVELLE

VY

PETRVS DE LOISY BISVNTINVS FECIT ET EXCVDIT 1667

# IEAN
# FRANÇOIS DE VY,
## GOVVERNEVR DE LA CONFRERIE.

C'EST en cette seule qualité, qu'il precede tous les autres Seigneurs Confreres; & laquelle luy fut conferée par pluralité de voix. Il fut admis & reçeu en la Confrerie tenuë à Rougemont en l'an 1627. Aymé de Balay Saux, dit de Prá y estant baston-nier; Et y furent jurées ses Lignes, sçauoir pour Paternelles, VY & BOVRBEVELLE, par François & Iean Gabriel de Vaudrey : CHASSEY & VY pour Maternelles par Antoine d'Aroz & Claude de Poligny.

VY *Porte d'Argent au Lyon de sable Armé & Couronné d'Or.*

CHASSEY *Porte de Gueule à vne Face d'Argent frettée d'Azur.*

BOVRBEVELLE. *Porte d'Azur à vne Bande dantelée d'Or accompagné de six Croix pommetées de mesme.*

VY , *s'arme comme cy-dessus.*

PREVOST

PREVOST · MATHAY ·

VILLENEVVE · GRACHAVX ·

# GASPARD
# DE PREVOST.

CEST le plus ancien des Confreres de cette Illuftre Confrerie, viuans au jour de la feste Saint George, de la prefente année 1663. Il fut reçeu l'an 1624. à la Confrerie tenuë au lieu de Rougemont : où il nomma pour fes quatre Lignes de Nobleffe, conformément aux Statuts, PREVOST & VILLENEVVE, pour Paternelles, jurées par Antoine d'Aroz & Claude de Raincour. Et pour Maternelles, MATHAY & GRACHAVX, jurées par François de Vaudrey, & Iean de S. Mauris.

PREVOST, *Porte de Gueule au Sautoir d'Argent, chargé de cinq Eftoiles de Gueule.*

MATHAY, *Porte d'Azur à vne Cuvette d'Or, d'où fort vne Reine de Carnation couronnée d'Or, tenant des mains les bords de la Cuuette.*

VILLENEVVE, *Porte de Sable à cinq Befantz d'Argent en Sautoir.*

GRACHAVX, *Porte d'Or à la Face de Sable.*

MAISIERES

MAISIERES • CAMBARON

RINCOVR • LA VIE

PETRVS DE LA CAY BRVNTANVS FECIT ET EXCVDIT 1657

# LOVIS
# DE MAISIERES.

IL fut reçeu en la Confrerie tenuë à Rougemont en l'an 1626; en laquelle estoit Bastonnier François de Pontaillier: où ses Lignes furent jurées; sçauoir MAISIERES & RAINCOVR par Claude de Poligny, & Iean Baptiste de Iouffroy: CAMBARON & LAVIE jurées pour Maternelles, par Claude Baptiste de Vy, Claude d'Amandre, Antoine d'Aroz & Guillaumé de Louuerot.

MAISIERES *Porte d'Argent à trois Quinte-feüilles percées de Sable.*

CAMBARON *Porte d'Argent à la fasce de Gueule chargé d'vne Coquille d'Or, & accompagné de trois testes de Griffons de Sable becqué de Gueule.*

RAINCOVR *Porte de Gueule à la Croix d'Or, cantonnée de dix-huit Billettes de mesme, dix en Chef & huit en Pointe.*

LAVIE *Porte d'Azur à la fasce d'Argent.*

CLERON · PLAISANT

CLERON

VAVDREY · VOISEY

PETRVS DE LOISY BISVNTINVS FECIT ET EXCVDIT · 1663

# 6

# MESSIRE
# PIERRE DE CLERON.

L A qualité d'Abbé de Cherlieu, qu'il poſſede, luy cauſe ce titre de *Meſſire*, qui ne ſe donne par les nouueaux Reglements de la Confrerie, qu'aux ſeuls Prelats Confreres, & au Gouuerneur de la Prouince, afin de conſeruer plus d'eſgalité entre eux. Il fut admis dans cét Illuſtre Corps en la Confrerie tenuë à Rougemont, l'an 1628 : en laquelle Antoine de Grammont Fallon eſtoit Baſtonnier, ayant nommé pour ſes Lignes Paternelles CLERON & VAVDREY, jurées par Claude de Poligny, & Elyon d'Andelot : PLAISANT & VOISEY pour Maternelles, jurées auſſi par ledit Seigneur de Grammont, & par Iean Iacques de la Tour.

CLERON *Porte de Gueule à la Croix d'Argent cantonnée de quatre Croiſettes fleuronnées de meſme.*

PLAISANT *Porte Eſchiqueté d'Or & de Sinople.*

VAVDREY *S'arme de Gueule à vne Emmanchure de deux pieces d'Argent.*

VOISEY *Porte de Sable à trois teſtes de Cignes auec leurs Cols d'Argent, becqués de Gueule.*

GRAMMONT

GRAMMONT · ANDELOT.

IOVX · LE BLANC·

PETRVS DE LOISY BISVNTINVS FECIT ET EXCVDIT 1663

# 7

# CLAVDE FRANCOIS
# DE GRAMMONT.

**I**L fut reçeu en la Confrerie tenüe à Gray l'an 1628; Antoine de Gram-
mont-Fallon fon Pere y eftant Baftonnier, & nomma pour fes Lignes
Paternelles; GRAMMONT & IOVX; jurées par Déle de Mou-
ftier, & par Iean Iacques de la Tour : Et pour Maternelles
ANDELOL & LE BLANC; jurées par Iean Baptifte de Iouffroy, &
Charles d'Achey.

GRAMMONT Porte d'Azur à trois Bus de Reines au vifage de Carnation,
Coiffées & Couronnées d'Or.

ANDELOT Porte efchiqueté d'Argent & d'Azur au Lyon de Gueule, brochant fur le tout Armé & Couronné d'Or.

IOVX Porte d'Or fretté d'Azur.

Le BLANC Porte de Gueule au Chef d'Or au Lyon d'Azur, brochant fur
le tout.

Ce Seigneur Confrere porte de GRAMMONT, efcartelé de COLIGNY fur
le tout de GRANGES, qui eft de Gueule au Sautoir d'Or.

THON·

THON·   LE PIN·

PREVOST   BVSSY

PETRVS DE LOISY BISVNTINVS FECIT ET EXCVDIT 1647

# 8

# IEAN
# BAPTISTE DE THON.

**I**L fut reçeu & admis Confrere au lieu de Rougemont, en la Confrerie y celebrée en l'an 1632. Chriftophle de Cul y eftant Baftonnier; & y nomma fes Lignes de Nobleffe à l'accoûtumée ; fçauoir pour Paternelles THON & PREVOST, jurées par Philibert de Mouftier, François de Saint Mauris, Denys de Byans; & Antoine d'Aroz, pour la premiere : Et la feconde par Adam de Saint Mauris. Et pour les Maternelles LE PIN & BVSSY ; cette premiere jurée par Elyon d'Andelot, Antide de Grammont, François de Iouffroy & François de Grachaux; & l'autre par Iean Baptifte de Iouffroy.

THON *porte de Gueule à la fafce d'Argent, accompagnée en pointe d'vn Levrier paffant de mefme, accollé de Gueule.*

LE PIN *porte d'Argent à la fafce de Gueule, chargée d'vn Lyon naiffant d'Or.*

PREVOST *porte comme cy-deuant.*

BVSSY *porte Efcartelé d'Argent & d'Azur.*

MONTAGVT

MONTAGVT     GAVTHIOT

MONTESSVS     CHASSAVLT

# 9

# AFFRICAIN
# DE MONTAGVT.

S A Reception eſt de la meſme année 1632, au meſme lieu & ſous le meſme Baſtonnier. Ses Lignes de Nobleſſe y furent jurées; ſçauoir pour Paternelles, MONTAGVT & MONTESSVZ, par Philibert de Mouſtier pour la premiere: & pour la ſeconde par Claude François de Grammont, Iean Adrien de Saliues, François de Grachaux, & Iean de Villeneuue. Et pour les Maternelles, ſçauoir GAVTHIOT, par François de Rye, Philibert de Mouſtier, François de S. Mauris, & Iean François de Iouffroy: Et CHASSAVLT par Elyon d'Andelot, Phil. Guill. de Montrichard, Iean Baptiſte de Iouffroy, & Antoine d'Aroz.

MONTAGVT *Boutauant porte de Gueule au Croiſſant d'Argent.*

GAVTHIOT *d'Azur au Gautherot d'Argent Armé, Couronné d'Or, commençant ſon vol.*

MONTESSVZ *d'Azur au Chevron d'Or, & trois Molettes d'eſperons de meſme.*

CHASSAVLT *Porte de Gueule à vn Sautoir d'Argent.*

VESOVL

VESOVL · SAINT BELIN

MELIGNY · RAINCOVR

PETRVS DE LOISY BISVNTINVS FECIT ET EXCVDIT · 1667

# 10

# LOVIS HVMBERT
# DE VESOVL.

IL fut admis en la Confrerie tenuë au lieu de Rougemont l'an 1633, Meffire Iean de Vateuille Euefque & Prince de Lofanne, Abbé de la Charité y eftant Baftonnier, où il fit paroitre de fes quatre Lignes de Nobleffe, fçauoir pour Paternelles VESOVL & MELIGNY, jurées par Philibert de Mouftier, & Claude Baptifte de Vy: Et pour Maternel-les SAINT BELIN & RAINCOVR, jurées par François de Grachaux, & Gafpard Melchior de Vaudrey.

VESOVL *Porte de Sable à la fafce d'Or au Levrier paffant d'Argent, accollé d'Or en Chef, & trois Quinte-feuilles percées d'Argent en Pointe.*

SAINT BELIN *Porte d'Azur à trois Teftes de Bœuf d'Argent, accornez d'Or.*

MELIGNY *Porte d'Azur à la Bande d'Argent cotoyée de deux doubles Cotices d'Or, Potencées & Contrepotencées de treize Pieces de Sable.*

RAINCOVR *Porte de Gueule à la Croix d'Or, cantonnée de dixhuit Billettes de mefme, comme cy-deffus.*

VAVDREY

VAVDREY  MELIGNY

PRESNTVILLERS  VAVDREY

PETRVS DE LOISY BISVNTINVS FECIT ET EXCVDIT 1632

# 11

# CLAVDE ANTOINE
# DE VAVDREY.

SA Reception fut à Befançon, en la Confrerie qui y fut tenuë apres les guerres, en l'Eglife des Carmes de l'ancienne Obferuance l'an 1647. où il nomma pour fes quatre Lignes de Nobleffe VAVDREY & PRESENTVILLERS pour les Paternelles, jurées par Meffire Iean de Vateuille Euefque de Lofanne ; & Iean Baptifte de Vy : Et pour fes Maternelles MELIGNY & VAVDREY, jurées par Iean Baptifte de Thon & Iean Baptifte de Iouffroy.

VAVDREY *Porte de Gueule à vne Ammanchure d'Argent de deux Pieces.*

MELIGNY , *Comme deuant.*

PRESENTVILLERS *Porte Cheuronné d'Or & de Gueule de fix Pieces.*

VAVDREY , *Comme cy-deßus.*

MONTAGU

MONTAGU    GAVTHIOT

MONTESSVS    JHASNAVIT

PETRVS DE LOISY BISVNTINVS FECIT ET EXCVDIT 1667

# 12

# MARC
# DE MONTAGVT

FVT reçeu en la Confrerie tenuë à Befançon, & celebrée en l'Eglife des Carmes, l'an 1647. apres les guerres : ayant produit & juftifié pour fes Lignes Paternelles MONTAGVT, & MONTESSVZ, jurées par Iean Baptifte de Iouffroy, & Iean François de Vy : GAVTHIOT, & CHASSAVLT, pour Maternelles, jurées pareillement par Iean Baptifte de Thon, & Iean Adrien de Saliues.

MONTAGVT *Porte de Gueule au Croiffant d'Argent.*

GAVTHIOT *Porte ainfi qu'il eft Blafonné cy-deuant.*

MONTESSVZ *d'Azur au Cheuron d'Or, & trois Molettes d'Efperons de mefme.*

CHASSAVLT *S'arme de Gueule au Sautoir d'Argent.*

ROSIERES

ROSIERES · L'ALLEMAND · AGEVILLE · MONFORT-TAILLAT

PETRVS DE LOISY BISVNTINVS FECIT ET EXCVDIT 1663

# 13

# GERARD
# DE ROSIERES.

CE fut en la Confrerie tenuë à Besançon comme sus est dit, l'an 1647. qu'il fut reçeu au nombre des Seigneurs Confreres ; ayant nommé pour ses quatre Lignes de Noblesse à l'ordinaire ; RoSIERES, & AGEVILLE pour Paternelles ; qui furent jurées par Iean Baptiste de Iouffroy, & Claude Antoine de Vaudrey : Et pour Maternelles, LALLEMAND & MONFORT-TAILLANT, jurées par Iean Baptiste de Thon, & Iean Adrien de Saliues.

ROSIERES *Porte de Sable à trois Branchettes d'Esperons d'Argent, les molettes en bas.*

LALLEMAND *Porte d'Argent à la Fasce de Sable, accompagné de trois Tresses de Gueule.*

AGEVILLE *Porte d'Or à vn Arbre de Sinople au milieu de deux Lyons affrontés de Gueule.*

MONFORT-TAILLANT *Porte d'Argent à trois Losanges d'Or bordées de Sable.*

VAVDREY

PETRVS DE LONY BISVNTINVS FECIT ET EXCVDIT . 1663

# 14

# LEONOR PHILIBERT
# DE VAVDREY

I L fut admis au nombre des Confreres de cette Illuftre Confrerie lors qu'elle fe tint aux Reuerends Peres Carmes de l'ancienne Obferuance de la Cité Imperiale de Befançon en l'an 1649. Gafpard de Preuoft eftant Baftonnier & y furent verifiées & jurées fes quatre Lignes de Nobleffe qui fe trouuerent pour les Paternelles VAVDREY & PRESENTVILLERS jurées par Iean François de Vy & Claude de Poligny & pour les Maternelles MELIGNY & VAVDREY jurées par Claude François de Grammont & Iean Adrien de Saliues.

VAVDREY *Porte de Gueule à vne Ammanchure d'Argent de deux Pieces.*

MELIGNY, *Comme deuant.*

PRESENTVILLERS *Porte Cheuronné d'Or & de Gueule de fix Pieces.*

VAVDREY, *Comme cy-deffus.*

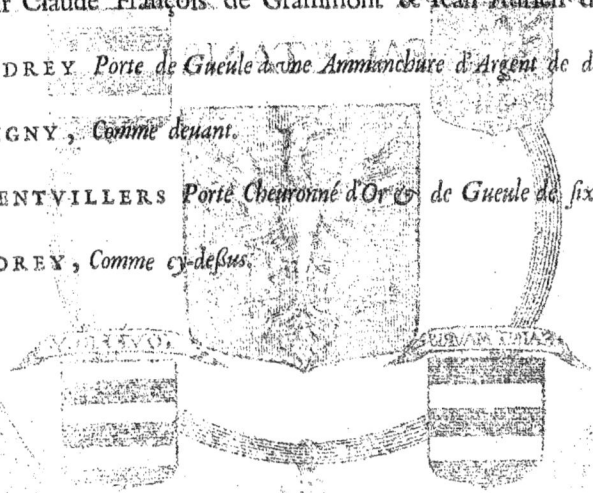

FALLETANS

FALLETANS     IOVFFROY

FALLETANS

SAINT MAVRIS     IOVFFROY

PETRVS DE LOISY BISVNTINVS FECIT ET EXCVDIT 1603

# 15

# CLAVDE LOVIS
# DE FALLETANS.

C E fut à Befançon en la Confrerie qui fe tint en la fufdite année 1649, & où eftoit Baftonnier Gafpard de Preuoft qu'il y fut admis enfuite des quatre Lignes de Nobleffe qu'il verifia , fçauoir pour fes Paternelles, FALLETANS & SAINT MAVRIS qui furent jurées par Iean Baptifte de Thon & par Iean François de Vy, & pour Maternelles IOVFFROY & encore IOVFFFOY, jurées par Gerard de Rofieres & Mathieu de Lefay.

FALLETANS. *Porte de Gueule à l'Aigle d'Argent.*

IOVFFROY *Porte fafcé d'Or & de Sable de fix pieces la premiere de Sable chargée de deux Croifettes fleurettées d'Argent.*

SAINT MAVRIS *Porte de Sable à deux fafces d'Argent.*

IOVFFROY *Porte comme cy-deffus.*

GILLEY

GILLEY · VAVDREY

AVBONNE · MELIGNY

PETRVS DE LOISY BISVNTINVS FECIT ET EXCVDIT 1669.

B.R

# 16

# IEAN BAPTISTE
# DE GILLEY.

**I**L fut admis au nombre des Confreres en la Confrerie tenuë à Vefoul l'an 1650 où Claude de Poligny fut Baftonnier, & y nomma pour fes Lignes, GILLEY & AVBONNE pour Paternelles jurées par Affricain de Montagut & Iean Baptifte de Iouffroy, & pour Maternelles VAVDREY & MELIGNY jurées par Iean Adrien de Saliües, & Claude de Poligny.

GILLEY *Porte d'Argent au Chefne de Sinople.*

VAVDREY. *Porte de Gueule à vne Ammanchure de deux Pieces d'Argent.*

AVBONNE, *Porte d'Azur au Cheuron d'Argent accompagné de deux Eftoiles de mefme en Chef, & d'vn Croiffant auffi de mefme en Pointe.*

MELIGNY *a efté cy-deuant blafonné.*

MONTAGVT

MONTAGVT · GAVTHIOT

MONTESSV · · HASSAVT

PETRVS DE LOISY BISVNTINVS FECIT ET EXCVDIT 1663

# 17

# IEAN ANTIDE
# DE MONTAGVT.

SA Reception fut en la Confrerie tenuë à Vefoul en l'an 1650 où Claude de Poligny fut Baftonnier il nomma pour fes quatre Lignes de Nobleffe felon l'obligation des Statuts, pour Paternelles MONTAGVT, & MONTESSVZ, jurées par Leonor Philibert & Claude Antoine de Vaudrey, & pour Maternelles, GAVTHIOT & CHASSAVLT, jurées par Iean Baptifte de Thon, & Iean Baptifte de Iouffroy.

MONTAGVT *Boutauant, Porte de Gueule au Croiffant d'Argent.*

GAVTHIOT *Porte ainfi qu'il eft Blafonné cy-deuant.*

MONTESSVZ *d'Azur au Cheuron d'Or, & trois Molettes d'Efperons de mefme.*

CHASSAVLT *S'arme de Gueule au Sautoir d'Argent.*

BRESSEY

BRESSEY. THOMASSIN.

FALLETANS. IOVFFROY.

PETRVS DE LOISY BISVNTINVS FECIT ET EXCVDIT 1647

# 18

# IEAN
# DE BRESSEY.

IL fut reçeu en la Confrerie tenuë à Vefoul en l'an 1650 où eftoit Baftonnier Claude de Poligny, & y furent nommées & juftifiées fes quatre Lignes de Nobleffe fçauoir pour Paternelles BRESSEY & IOVFFROY, jurées par Leonor Philibert de Vaudrey & Iean François de Vy, & THOMASSIN & FALLETANS, jurées par Meffire Philippe de la Baume, & par Iean Baptifte de Iouffroy.

BRESSEY *Porte d'Azur à deux fafces d'Or, à vne Eftoile d'Argent en Chef, au franc Canton dextre d'Or chargé d'vne clef de Gueule mife en pal.*

THOMASSIN *Porte d'Azur à la Croix branchetée où noüeufe d'Or.*

FALLETANS *Blafonné cy-deffus.*

IOVFFROY *Porte comme cy-deffus.*

VILLERS LA FAYE

VILLE SLA FAYE     PONTAILLIE

BRANCION     DAMAS

# 19

# MICHEL
# DE VILLERS LA FAYE.

EN la Confrerie tenuë en la Ville de Salins l'an 1651 où Mathieu de Lesay se trouua Bastonnier, il fut admis au nombre des Confreres, & y nomma ses quatre Lignes de Noblesse, sçauoir pour Paternelles, VILLERS LA FAYE & BRANCION jurées par Messire Pierre de Cleron, Mathieu de Lesay, Philibert de Vaudrey, & Iean de Bressey, pour la premiere Paternelle, & pour la seconde Claude de Poligny, & quant aux Maternelles PONTAILLIE, & DAMAS VILLIERES, jurées par Gerard de Rosieres, & Claude Antoine de Vaudrey.

VILLERS LA FAYE *Porte d'Or à la Fasce de Gueule.*

PONTAILLIE *Porte de Gueule au Lyon d'Or.*

BRANCION *Porte d'Azur à trois Fasces ondées d'Or.*

DAMAS VILLIERES *Porte d'Argent à vne Hie de Sable, accompagnée de six Manotes de Gueule.*

AMANDRE

AMANDRE

LATOVR

CHASSEY

BVSSY

PETRVS DE LOISY BISVNTINVS FECIT ET EXCVDIT 1663.

# 20

# HARDOVIN
# D'AMANDRE.

CE fut en la mefme année, & en la mefme Confrerie celebrée à Salins, que ce Confrere y fut admis ayant nommé & iuftifié fes quatre Lignes de Nobleffe, fçauoir AMANDRE & CHASSEY pour Paternelles, & pour Maternelles, LA TOVR SAINT QVENTIN, & BVSSY, les premieres jurées par Claude de Poligny & Iean Baptifte de Iouffroy, & les fecondes par Claude Antoine de Vaudrey & Marc de Montagut.

AMANDRE *Porte d'Azur à la Fafce d'Or.*

LA TOVR *d'Or à la Bande de Gueule au Franc Canton d'Azur.*

CHASSEY *Porte de Gueule à la Fafce d'Argent. Frettée d'Azur.*

BVSSY *Porte efcartelé d'Argent & d'Azur.*

MARNIX

MARNIX GAILLARD

BONNIERE GILLEY

PETRVS DE LOISY BISVNTINVS FECIT ET EXCVDIT 1607

# 21

# CATHERIN
# DE MARNIX.

EN la mefme Confrerie tenuë à Salins en ladite année 1651, où Mathieu de Lefay eftoit Baftonnier. Ce Confrere fut reçeu en cét Illuftre Corps, fous les quatre Lignes de Nobleffe qu'il juftifia, fçauoir pour Paternelles, MARNIX & BON-NIERE, jurées par Iean de Breffey Mathieu de Lefay, Humbert Louis de Vefoul, Claude Antoine de Vaudrey & Hardoüin d'Amandre, & pour les Maternelles, GAILLARD, jurée par Meffire Pierre de Cle-ron, Iean Baptifte de Iouffroy, Gerard de Rofieres & Michel de Villers la Faye, & GILLEY par Iean Baptifte de Thon.

MARNIX *Porte d'Azur à la Bande d'Argent accoftée de deux Eftoiles d'Or, vne en Chef & l'autre en Pointe.*

GAILLARD *S'arme de Sable à trois befants d'Or au chef d'Argent.*

BONNIERE *Porte Vairé d'azur & d'Or.*

GILLEY *Porte d'Argent au Chefne de Sinople.*

DVPIN

DVPIN · CHAVIREY ·

BVSSY · FERLIN ·

PETRVS DE LOISY BISVNTINVS FECIT ET EXCVDIT 1661

# 22

# PIERRE
# DV PIN.

Il fut reçeu en cette celebre Confrerie en la fufdite année 1651, en la Ville de Salins , où il verifia fes quatre Lignes de Nobleffe eftans pour Paternelles , LE PIN & BVSSY , jurées par Iean de Breffey & par Humbert Louis de Vefoul , & pour Maternelles CHAVIREY jurée par Affricain. & Marc de Montagut, Iean Baptifte de Gilley & Michel de Villers la Faye, & FERLIN par Claude de Poligny, Mathieu de Lefay , Iean Baptifte de Thon , & Claude Antoine de Vaudrey.

LE PIN Porte d'Argent à la Fafce de Gueule chargée d'vn Lyon naiffant d'Or.

CHAVIREY d'Azur à la Fafce d'Or chargée d'vn Lyon paffant de Sable accompagné de trois Fueilles de Chefne d'Argent.

BVSSY Porte d'Argent efcartelé d'Azur.

FERLIN Porte d'Argent au Cheuron d'Azur au chef coufu d'Or, chargé de neuf tourtaux d'Azur, cinq & quatre.

LESAY.

LESAY. CHAVIREY

ASVEY. COINTET.

# 23

# THOMAS
# DE LESAY.

SA Reception a esté en la Confrerie susdite tenuë à Salins, où il nomma ses quatre Lignes, sçauoir LESAY & ASVEY jurées par Iean Baptiste de Thon, & Leonor Philibert de Vaudrey, & pour Maternelles, CHAVIREY, jurée par Marc de Montagut, Iean Baptiste de Gilley, Messire Pierre de Cleron, & Michel de Villers la Faye, & COINTET jurée par Iean Baptiste de Iouffroy, Michel de Villers la Faye, Hardoüin d'Amandre, & Pierre du Pin.

LESAY *Porte party d'Argent & de Gueule à la Croix ancrée de l'vn en l'autre au point d'Eschiquier de mesme sur le tout.*

CHAVIREY *Blasonné cy-deuant.*

ASVEY *Porte de Gueule à deux Halebardes d'Argent mise en Sautoir.*

COINTET *Porte de Sable au Sautoir d'Argent au Chef-d'Or.*

CHAVIREY

CHAVIREY. SCEY.

COINTET CHASTENAY.

PETRVS DE LOISY BISVNTINVS FECIT ET EXCVDIT. 1667.

# 24

# FRIDERIC
# DE CHAVIREY.

EN la mefme Confrerie tenuë à Salins en ladite année 1651 il fut admis au nombre des Confreres, ayant nommé pour fes quatre Lignes de Nobleffe, fçauoir pour Paternelles CHA-VIREY & COINTET, jurées par Pierre de Cleron, Marc de Montagut, Iean Baptifte de Gilley & Michel de Villers la Faye, pour la premiere, & pour la feconde, Iean Baptifte de Iouffroy, Affricain de Montagut, Hardoüin d'Amandre & Pierre Du Pin, & pour fes Maternelles SCEY & CHASTENAY jurées par Claude de Poligny & Gerard de Rofieres.

CHAVIREY *Porte d'Azur à la Fefce d'Or chargé d'vn Lyon Paffant de Sable accompagné de trois Feilles de Chefne d'Argent.*

SCEY *Porte de Sable au Lyon d'Or Coronné de mefme, armé & Lampaffé de Gueule auec neuf croifettes recroifettées au pied fichées d'Or.*

COINTET *Porte de Sable au Sautoir d'Argent, au Chef d'Or.*

CHASTENAY *Porte d'Argent au Coq de Sinople membré & creflé d'Or accompagné de trois Rofes de Gueule boutonnées d'Or.*

SAINT MAVRIS

SAINT MAVRIS · BOVTON

PLAINNE · PONTAILLE

# 25

# IEAN BAPTISTE
# DE SAINT MAVRIS.

I L a esté admis au nombre des Seigneurs Confreres de cette Illustre Confrerie en la mesme année mil six cent Cinquante & vn, en laquelle elle fut tenuë à Salins, y ayant verifié pour ses quatre Lignes de Noblesse, sçauoir pour Paternelles SAINT MAVRIS, & PONTAILLIE, jurées par Hardoüin d'Amandre, Messire Pierre de Cleron, Claude de Poligny & Catherin de Marnix pour la premiere & Leonor Philibert de Vaudrey pour la seconde & pour les Maternelles, BOVTON & PLAINE, jurées par Claude Antoine de Vaudrey & Affricain de Montagut.

SAINT MAVRIS LEMVY *Porte de Gueule à la Croix Fleurettée ou de Saint Mauris d'Argent au Chef cousu d'Azur chargé d'vn Aigle d'Or.*

BOVTON *Porte de Gueule à la fasce d'Or.*

PONTAILLIE *Porte de Gueule au Lyon d'Or.*

PLAINE *Porte de Gueule à la fasce d'Argent auec trois Sonnettes de mesme en Chef mises en Fasce.*

FOVCHERS

FOVCHERS  VAVTRAVERS

FOVCHERS

LE VERNOY  LA CHAMBRE

PETRVS DE LOISY BISVNTINVS FECIT ET EXCVDIT 1663

B.H

# 26

# EMANVEL PHILIBERT
# DE FOVCHERS.

S A Reception fe fit à Salins en la mefme année 1651, où il verifia pour fes quatre Lignes de Nobleffe conformément aux anciens Statuts, fçauoir pour Paternelles FOVCHERS & LE
VERNOY, cette premiere jurée par Iean François de Vy, Iean
de Breffey, Affricain de Montagut & Iean Baptifte de Iouffroy, & cette
feconde par Hardoüin d'Amandre & pour Maternelles VAVTRAVERS &
LA CHAMBRE, jurées par Pierre du Pin & Gerard de Rofieres.

FOVCHERS *Porte d'Azur à la Fafce d'Argent & trois Eftoiles de mefme en Chef mifes en Fafce.*

VAVTRAVERS *Porte d'Azur à trois Pals d'Or.*

LE VERNOY *de Gueule Emmanché de deux Pieces d'Or.*

LA CHAMBRE *Porte d'Azur femé de Fleurs de Lys d'Or au Bafton de Gueule Brochant fur le tout.*

POITIERS.

# 27

# FERDINAND DE RYE
# ET DE POITIERS.

**I**L eu l'entrée en la Confrerie tenuë en la Ville de Vesoul en l'année 1652 où Iean François de Vy faisoit l'Office de Bastonnier aussi bien que de Gouuerneur, & nomma pour ses Lignes Paternelles, POITIERS & RYE, jurées par Iean Baptiste de Iouffroy & Leonor Philibert de Vaudrey, RYE encore, & TOVRNON pour Maternelles jurées par Affricain & Iean Antide de Montagut.

POITIERS *Porte d'Azur à six besants d'Argent trois, deux, & vn au Chef d'Or.*

RYE *Porte d'Azur à l'Aigle d'Or.*

RYE *Blasonné cy-deuant.*

TOVRNON *Porte d'Azur semé de Fleurs de Lys d'Or party de Gueule au Lyon d'Or.*

Ce Seigneur porte son escu d'armes, escartelé & contrescartelé, au premier & dernier grands quartiers d'Azur à l'Aigle d'Or, escartelé aussi d'Azur à la Bande d'Or pour Longuy au second & tier grands quartiers de Gueule à la Bande d'Argent qu'est Neuchastel escartelé de Gueule à l'Aigle d'Argent qu'est Montagut Bourgongne, sur le tout de Poitiers comme cy-dessus escartelé de Valentinois qui est d'Azur semé de Fleurs de Lys d'Or au Canton d'Argent chargé de trois Croissants de Gueule, sur le tout du tout d'Argent à cinq escussons d'Azur mis en Croix surchargés chacun de cinq Besants d'Argent, à la bordure de Gueule chargée de sept Chasteaux d'Or qu'est Portugal, enté en Pointe de Gueule au Leopard d'Or pour Guienne ou Aquitaine.

DV TARTRE.

DV TARTRE.    LAVBESPIN.

CHISSEY.    OISELER.

PETRVS DE LOON BISVNTINVS FECIT ET EXCVDIT. 1661.

# 28

# CLAVDE ANTOINE
# DV TARTRE.

**I**L fut reçeu en la mefme Confrerie & au mefme jour que le Seigneur precedent Confrere nommant pour fes Lignes, fçauoir pour Paternelles DV TARTRE & CHISSEY, jurées par Iean Baptiste de Iouffroy & Pierre du Pin, & pour Maternelles LAVBESPIN & OISELER jurées par Iean François de Vy, & Claude Antoine de Grammont.

DV TARTRE *Porte d'Azur à deux Barbeaux adoffés d'Argent auec quatre Croifettes trenchées de mefme.*

LAVBESPIN *Porte d'Azur au Sautoir d'Or cantonné de quatre Billettes de mefme.*

CHISSEY *Porte de Sable à deux Emmanchures d'Argent accompagnées en Chef de trois Quinte Feüilles d'Or.*

OISELER *Porte de Gueule à la bande viurée d'Or.*

CHAFFOY

CHAFFOY.

GRACHAVX.

SCEY.

IOVFFROY.

PETRVS DE LOISY BISVNTINVS FECIT ET EXCVDIT 1665

# 29

# IEAN CLAVDE
# DE CHAFFOY.

C E Confrere fut auſſi admis en la meſme année, dans la Ville de Veſoul apres qu'il eut verifié ſes quatre Lignes, ſçauoir pour Paternelles CHAFFOY & SCEY, jurées par Affricain de Montagut, Claude François d'Iſelin, Claude Antoine de Vaudrey & Hardoüin d'Amandre pour la premiere, & par Leonor Philibert de Vaudrey pour la ſeconde, pour ſes Maternelles GRACHAVX & IOVFFROY, jurées par Michel de Villers la Faye & Gerard de Roſieres.

CHAFFOY *Porte Loſangé d'Or & d'Azur à vne Faſce d'Argent brochant ſur le tout.*

GRACHAVX *Porte d'Or à la Faſce de Sable.*

SCEY *Comm'il eſt blaſonné cy-deuant.*

IOVFFROY *cy-deuant auſſi blaſonné.*

MONTRICHARD

MONTRICHARD  TRIESTE.

VAVCHARD  GLIMES DE COOL

# 30

# PHILIPPE GVILLAVME
# DE MONTRICHARD.

IL entra au nombre des Confreres de cette Illuftre Confrerie, en la-dite année 1652 ayant juftifié fes quatre Lignes de Nobleffe, fçauoir pour Paternelles, MONTRICHARD & VAVCHARD, jurées par Iean François de Vy, pour la premiere & pour la feconde par Claude de Poligny, Mathieu de Lefay, Gerard de Rofieres & Iean de Raincour, & pour les Maternelles TRIESTE, par Ferdinand de Poitiers, Iean Baptifte de Thon, Marc de Montagut & Claude François de Grammont & GLIMES DE COOL, par Gafpard de Mouftier, Hardoüin d'Amandre, Iean Claude de Chaffoy & Claude Antoine du Tartre.

MONTRICHARD *Porte de vair à la Croix de Gueule*

TRIESTE *Porte Sable à deux Cors de Chaffe d'Or en chef & vne Leurette paffante d'Argent en pointe accollée de Gueule.*

VAVCHARD *Porte d'Or à trois doubles Rocs de Gueule.*

CLIMES DE COOL *Porte de Gueule à la Bande d'Argent chargée de trois Hermines de Sable Cottoyée de douze Billettes d'Or.*

BLISTERSVICH

COSTABLE

BLISTERSVICH

FRIANT

SAINT MAVRIS

# 31

# GASPARD
# DE BLISTERSVICH.

IL reçeu place dans cette Illuftre Confrerie en la Ville de Vefoul, lors qu'elle y fut tenuë en l'an 1653, & y fit preuue de fes quatre Lignes, de Nobleffe fçauoir pour Paternelles BLISTERSVICH, & FRIANT jurées par Iean Baptifte de Thon, Hardoüin d'Amandre, & pour Maternelles COSTABLE, jurée par Iean Baptifte de Iouffroy, Claude Louis de Falletans, Pierre du Pin, & Iean de Breffey, & SAINT MAVRIS par Meffire Pierre de Cleron.

BLISTERSVICH *Porte d'Or à vne Emmanchure de trois pieces de Gueule mouuantes du Chef.*

COSTABLE *Porte d'Or à la Leurette rampante de Sable accollée d'Or.*

FRIANT *d'Azur à la Bande endentée d'Argent.*

SAINT MAVRIS *de Gueule à la Croix Fleurettée, ou de Saint Mauris, d'Argent au Chef Coufu d'Azur à vn Aigle d'Or.*

LA BAVME

PORCELETS

LA BAVME

GRANDVELLE

SARNAY

# 32

# CHARLES FRANCOIS
# DE LA BAVME

CE fut en la Ville de Dole en l'an 1654 lors que la Confrerie s'y tint, & où Meſſire Pierre de Cleron Abbé de Cherlieu, eſtoit Baſtonnier que ce Seigneur entra en cette Illuſtre Confrerie & y nomma pour ſes Lignes Paternelles LA BAVME & GRANDVELLE, jurées par Iean François de Vy & Claude Louis de Falletans, & pour Maternelles PORCELETZ MAILLANE, jurée par Iean Adrien de Saliues, Iean de Breſſey & Claude Antoine de Laubeſpin & SARNAY, par Ferdinand de Poitiers, Iean Adrien de Saliues, Iean de Breſſey & Meſſire Pierre de Cleron.

LA BAVME *Porte d'Or à la Bande d'Azur.*

PORCELETZ MAILLANE, *d'Or à la Truye paſſante de Sable armée & allumée d'Argent.*

GRANDVELLE *Comme cy-deuant.*

SARNAY *Porte de Gueule la Tour crenelée d'Or, eſcartelé d'Or à vne Croix alaiſée ou racourcie de Gueule.*

Ce Seigneur porte l'Eſcu de ſes armes, eſcartelé de Bruges & de Granduelle, ſur le tout de La Baume.

ACHEY

ACHEY. SCEY.

HAUFFREMONT POLIGNY.

# 33

# CLAVDE
# D'ACHEY.

IL reçeu placé parmy le nombre des autres Illuftres Confreres en la Confrerie tenuë à Dole fous le Seigneur prenommé Baftonnier en ladite année 1654 nommant pour fes Lignes fçauoir pour Paternelles, ACHEY & BAVFFREMONT, qui furent jurées par Meffire Charles Emanuel de Gorreuod haud-Doyen pour lors, & dépuis Efleu Archeuefque de Befançon & Iean Baptifte de Gilley , & pour Maternelles, SCEY & POLIGNY jurées par Iean François de Vy & Claude Louis de Falletans.

ACHEY *Porte de Gueule à deux Aches d'Armes mifes en Pal & adoffées d'Or.*

SCEY *Blafonné cy-deuant.*

BAVFFREMOMT *Porte vairé d'Or & de Gueule.*

POLIGNY *Porte de Gueule au Cheuron d'Argent.*

Ce Seigneur efcartele fes Armes de celles de Beauffremont.

POLIGNY

POLIGNY                    POLIGNY

MONTRICHARD                    DV PIN.

# 34

# IEAN CLAVDE
# DE POLIGNY.

IL augmenta le nombre des Seigneurs Confreres en la mefme année 1654 & en la mefme Confrerie tenuë en la ville de Dole, & y furent jurées & admifes fes Lignes de Nobleffe, fçauoir pour Paternelles POLIGNY & MONTRICHARD, par Hardoüin d'Amandre & Iean Baptifte de Gilley, & pour Maternelles POLIGNY encore, & DV PIN jurées par Meffire Pierre de Cleron & Gafpard de Blifterfuich.

POLIGNY *Porte de Gueule au Cheuron d'Argent.*

POLIGNY *Maternelle comme cy-deffus.*

MONTRICHARD *Porte de vair à la Croix de Gueule.*

DV PIN *d'Argent à la fafce de Gueule chargée d'vn Lyon naiffant dO'r.*

BEAVIEV

BEAVIEV. GVERCHE

VAIVRE CROSON

# 35

# IEAN CLAVDE
# DE BEAVIEV.

CE fut en la mefme Confrerie tenuë a Dole en l'an 1654 que ce Confrere fut reçeu, ayant nommé & verifié pour fes Lignes Paternelles BEAVIEV & VAIVRE, cette premiere jurée par Iean Baptifte de Gilley, & l'autre par Léonor Philibert de Vaudrey, Gerard de Rofieres, Iean Claude de Chaffoy, & Iean Baptifte de Thon, & pour Maternelles, GVERCHE & GROSON cette premiere jurée par Michel de Villers la Faye, & l'autre par Iean Baptifte de Thon, Henry de Champagne, Hardoüin d'Amandre & Claude Louis de Falletans.

BEAVIEV *Porte de Gueule à quatre fafces d'Argent.*

GVERCHE *Porte de Gueule à la fafce d'Azur à trois Cignes d'Argent fans cuiffes deux en chef fur la Fafce & vn en Pointe.*

VAIVRE *Porte d'Argent au Sautoir de Sable chargé de Lofanges d'Or.*

GROSON *Porte d'Azur à l'Emmanchure de deux Pieces d'Or.*

Ce Confrere efcartele fes Armes d'Or au Lyon de Sable à vn Lambel de cinq pendans de Gueule mis en Chef qui font celles des anciens Seigneurs du Beauiolois.

GRACHAVX

GRACHAVX     BEAVIEV.

IOVFFROY     VAIVRE.

# 36

# MELCHIOR
# DE GRACHAVX.

L A mefme Confrerie tenuë à Dole en ladite année 1654 l'obligea à s'enroller au nombre de tant de Genereux Confreres , & de iuſtifier ſes quatre Lignes de Nobleſſe , ſçauoir pour Paternelles GRACHAVX & IOVFFROY jurées par Iean François de Vy, & Iean Claude de Chaffoy, & pour Maternelles, BEAVIEV & VAIVRE jurées par Iean Baptiſte de Gilley quant à la premiere & pour la feconde Leonor Philibert de Vaudrey, Iean Claude de Chaffoy, Gerard de Roſieres & Iean Baptiſte de Thon.

GRACHAVX *Porte d'Or à la Faſce de Sable.*

BEAVIEV *Porte de Gueule à quatre Faſces d'argent.*

IOVFFROY *blaſonné cy-deuant.*

VAIVRE *d'Argent au Sautoir de Sable chargé de Loſanges d'Or.*

SCEY

SCEY. CHASTENAY.

POLIGNY. SENAILLY.

# 37

# IEAN BAPTISTE
# DE SCEY.

IL s'enrolla dans cette Illuftre Confrerie en l'année fufdite 1654 & en la mefme folemnité celebrée à Dole, où il nomma pour fes Lignes Paternelles SCEY & POLIGNY, jurées par Iean Baptifte de Gilley & Claude Louis de Falletans, & pour Maternelles CHASTENAY & SENAILLY, jurées par Hardoüin d'Amandre, & Iean de Raincour.

SCEY Porte de Sable au Lyon d'Or Coronné de mefme, Armé & Lampaffé de Gueule à neuf Croifettes recroifettées au pied fichées auffi d'Or.

CHASTENAY Porte d'Argent au Coq de Sinople Membré, Crefté & Barbé d'Or accompagné de trois Rofes de Gueule boutonnées d'Or.

POLIGNY S'arme de Gueule au Cheuron d'Argent.

SENAILLY Porte de Sable à trois Cheurons d'Or bordés de Gueule.

IOVFFROY.

IOVFFROY.     MATHAY.

LA TOVR     BYANS.

# 38

# ANTOINE FRANCOIS
# DE IOVFFROY.

**L**ES quatre Lignes de Nobleſſe qui le firent entrer en la Confrerie lors qu'elle ſe tint à Dole en la predite année 1654 furent pour les Paternelles IOVFFROY & LA TOVR SAINT QVENTIN jurées par Gaſpard de Mouſtier & Iean de Breſſey, & pour Maternelles MATHAY & BYANS, jurées par Leonor Philibert de Vaudrey & Gaſpard de Bliſterſuich.

IOVFFROY *Porte Faſcé d'Or & de Sable de ſix pieces, la premiere de Sable chargée de deux Croiſettes fleurettées d'Argent.*

MATHAY *Comme cy-deuant.*

LA TOVR SAINT QVENTIN *Blaſonné auſſi cy-deuant.*

BYANS *Porte de Gueule au Sautoir d'Or accompagné de douze Billettes de meſme.*

MOVSTIER

MOVSTIER. VY.

PRA. CHASSEV.

# 39

# THOMAS
# DE MOVSTIER.

IL fut admis & juré en la Confrerie lors de sa solemnité tenuë en la Ville de Dole comme dessus, & y fit preuues de ses quatre Lignes de Noblesse, qui sont pour les Paternelles MOVSTIER & PRA jurées par Claude Antoine de Vaudrey & Marc de Montagut, & pour Maternelles VY & CHASSEY, jurées aussi par Leonor Philibert de Vaudrey & Iean Antide de Montagut.

MOVSTIER *Porte de Gueule au cheuron d'Argent accompagné de trois Aiglettes d'Or.*

VY *Porte d'Argent au Lyon de Sable Armé & Coronné d'Or.*

PRA *Porte de Gueule à la Bande & deux Cors de Chasse d'Argent.*

CHASSEY *S'arme de Gueule à la Fasce d'Argent Frettée d'Azur.*

LA VERNE · SAINT MAVRIS

LA VERNE

DV TARTRE · VILLAFFANS

# 40

# ADAM
# DE LA VERNE.

**S**A Réception fut en la mefme année 1654 en ladite Ville de Dole, où il iuftifia fes quatre Lignes de Nobleſſe, ſçauoir pour Paternelles LA VERNE, jurée par Gaſpard de Mouſtier, Claude Antoine de Vaudrey, Claude Louis de Falletans & Iean de Raincour, & DV TARTRE par Iean Baptiſté de Thon & pour Maternelles SAINT MAVRIS & VILLAFFANS, jurées par Leonor Philibert de Vaudrey, & Claude Antoine du Tartré.

LA VERNE *Porte de Gueule au Lambel de deux pendants d'Or.*

SAINT MAVRIS *Porte de Sable à deux Faſces d'Argent.*

DV TARTRE, *d'Azur à deux Barbeaux adoſſées d'Argent auec quatre Croiſettes trenchées de meſme.*

VILLAFFANS *S'arme d'Argent à la Bande de Sable chargée de trois Coquilles d'Or & Coſtoyée de deux Baſtons auſſi de Sable.*

MARNIX.

MARNIX. LESAY.

GAILLARD. ASVEY.

# 41

# IEAN GASPARD
# DE MARNIX.

IL fut reçeu en la Confrerie tenuë à Dole en l'an 1654 où il nomma pour ses Lignes Paternelles MARNIX & GAILLARD, jurées par Melchior de Grachaux & Leonor Philibert de Vaudrey, & pour Maternelles LESAY & ASVEY, jurées par Claude Antoine du Tartre & Hardoüin d'Amandre.

MARNIX *Porte d'Azur à la Bande d'Argent accostée de deux Estoiles d'Or.*

LESAY *cy-deuant Blasonné.*

GAILLARD *Porte de Sable à trois Besants d'Or au Chef d'Argent.*

ASVEY *Porte de Gueule à deux Halebardes d'Argent posées en Santoir.*

TRESTONDAM

TRESTONDAM    MANDRE.

DESLOGES    BRVNECOFF

B.H.

# FRANCOIS
# DE TRESTONDAM.

# 42

IL fut affocié par les Confreres en la predite année 1654 en la Ville de Dole où il nomma pour fes Lignes Paternelles TRESTONDAM & DES LOGES jurées par Hardoüin d'Amandre pour la premiere & la feconde par Affricain de Montagut, Melchior de Grachaux, Iean Baptiſte de Saint Mauris, Leonor Philibert de Vaudrey & pour Maternelles, MANDRE & BRVNECOFF, jurées par Adrien de Saliues & Iean de Raincour.

TRESTONDAM d'Azur à trois Cheurons d'Or mis en Bande au milieu de deux Baſtons de mefme.

MANDRE Porte d'AZur à la Bande d'Or accompagné de fept Billettes de mefme quatre en Chef & trois en Pointe.

DES LOGES Porte d'Azur à cinq fleurs de Lys d'Or mifes en Sautoir.

BRVNECOFF Porte de Gueule à vne Pointe d'Argent.

ACHEY

ACHEY     VIENNE

PELOVX     CHATEAVNIEVX

# 43

# PHILIPPE EVGENE
# D'ACHEY.

CE fut en la Confrerie tenuë à Vefoul, & en laquelle Claude François de Grammont eſtoit Baſtonnier en l'an 1655 que ce Seigneur ſouhaitta d'eſtre admis au nombre des Confreres d'vne ſi Illuſtre Confrerie, auſſi y fit-il paroiſtre de ſes quatre Lignes de Nobleſſe ſçauoir ACHEY & PELOVX, pour Paternelles jurées qu'elles furent, par Leonor Philibert de Vaudrey, & Claude Louis de Falletans, & pour Maternelles, VIENNE, & CHASTEAVVIEVX jurées par Pierre du Pin, & la derniere par Claude Antoine de Vaudrey Gaſpard de Bliſterſuich, Antoine de Croſey & Philippe Guillaume de Montrichard.

ACHEY *Porte de Gueule à deux Haches d'Armes miſes en Pal & adoſſées d'Or.*

VIENNE *Porte de Gueule à l'Aigle d'Or.*

PELOVX *Porte d'Argent au Sautoir engreſlé d'Azur.*

CHASTEAVVIEVX *Porte d'Azur à trois Faſces ondées d'Or ; eſcartelé auſſi d'Azur à la Fleur de Lys d'Or.*

# 44

# CLAVDE LOVIS
# D'ANDELOT.

CE fut dans la Confrerie celebrée à Vefoul, en l'an 1655, & où eftoit Baftonnier fon Oncle Maternel Claude François de Grammont, qu'il defira d'augmenter vne fi Illuftre Compagnie, par le moyen de fa Reception qui s'enfuiuit par les Lignes qu'il nomma, fçauoir pour Paternelles ANDELOT & BALAY, jurées par Gafpard de Blifterfuich & Gerard de Rofieres, & pour fes Maternelles GRAMMONT & ANDELOT, jurées par François de Treftondam & Leonor Philibert de Vaudrey.

ANDELOT Porte Efchiqueté d'Argent & d'Azur au Lyon de Gueule armé & coronné d'Or Brochant fur le tout.

GRAMMONT Blafonné cy-deffus.

BALAY Porte de Sable au Lyon d'Or.

ANDELOT Dont le Blafon eft cy-deuant.

VERS

VERS     RECVLOT

HVOT     MONTMORET

# 45

# FRANCOIS
# DE VERS.

**I**L fut affocié à cette Illuftre Confrerie audit lieu de Vefoul, ayant juftifié fes Lignes, fçauoir pour Paternelles VERS & HVOT D'AMBRE, jurées par Iean Baptifte de Scey, Antoine François de Crofey, Hardoüin d'Amandre & Philippe Guillaume de Montrichard pour la premiere, & Marc de Montagut, Claude Antoine du Tartre, Pierre du Pin & Gafpard de Marnix pour la feconde, & pour les Maternelles, RECVLOT jurée par Emanuel Philibert du Fouchers, Claude Louis d'Andelot, Claude Louis de Falletans & Iean Adrien de Saliues, & MONTMORET, par Iean Claude de Beauieu, François de Treftondam Claude Antoine de Vaudrey, & Iean Baptifte de Gilley.

VERS *Porte d'Or au Sautoir d'AZur chargé d'vne Coquille d'Or.*

RECVLOT *Porte de Gueule à vn Cheuron d'Argent & vn Croiffant d'Or.*

HVOT D'AMBRE *De Sable à trois Teftes de Leuriers d'Argent accollés de Gueule.*

MONTMORET *Porte fretté d'Argent & de Gueule.*

L'ALLEMAND

L'ALLEMAND · OISELER · CHAFFOY · OISELER

# CLAVDE FRANCOIS
# DE L'ALLEMAND

# 46

L A Confrerie se tenant en la ville de Vesoul, où Iean Adrien de Saliues estoit Bastonnier l'an 1656, il fut admis au nombre des Seigneurs Confreres, & furent nommées ses Lignes, sçauoir pour Paternelles L'ALLEMAND & CHAFFOY, jurées qu'elles furent par Claude Louis de Falletans & par Philippe Eugene d'Achey, & pour Maternelles OISELER & encore OISELER, jurées par Afficain de Montagut & Leonor Philibert de Vaudrey.

L'ALLEMAND *Porte d'Argent à la Fasce de Sable à trois Tresfles de Gueule deux en Chef & un en Pointe.*

OISELER VILLERCHEMIN *de Gueule à la Bande viurée d'Or brisé d'un Lambel de trois pendants en Chef.*

CHAFFOY *Losangé d'Or & d'Azur à la Fasce d'Argent.*

OISELER *de Gueule à la Bande viurée d'Or.*

VISEMAL

VISEMAL · LONGEVILLE

ANDELOT · LEGVISIER

B.R.

# 47

# FERDINAND
# DE VISEMAL

IL fut reçeu en la fufdite Confrerie de l'an 1656 ayant nommé pour fes Quartiers ou Lignes Paternelles VISEMAL & D'ANDELOT, jurées par Iean Claude de Beaulieu, & Leonor Philibert de Vaudrey, & pour Maternelles, LONGEVILLE, jurée par Pierre du Pin, Michel de Villers La Faye, Antoine de Iouffroy, & Iean Baptifte de Thon, & L'EQVISIER jurée par Philippe Eugene d'Achey, Claude Louis de Falletans, Claude Louis d'Andelot, & François de Treftondam.

VISEMAL *Porte de Gueule au Cheuron d'Argent coftoyé à dextre d'vn Croiffant de mefme.*

LONGEVILLE *Porte d'Argent à l'Aigle à deux teftes de Sable.*

ANDELOT *cy-deuant Blafonné.*

L'EQVISIER *Porte d'Azur à vn mufle de Leopard arraché d'Argent.*

Ce Confrere efcartele de Fallerans qui eft d'Argent à la Bande de Sable coftoyée de deux baftons de mefme.

CVLZ

CVLZ MELIGNY

GRAMMONT VAVDREY

# 48

# HIEROSME BALTAZAR
# DE CVL.

**L**A Confrerie fe tenant à Vefoul en l'an 1657 où eſtoit Baſtonnier Iean Baptiſte de Thon donna ſujet à ce Confrere de ſe faire inſcrire dans vn ſi celebre Corps & d'y iuſtifier comme il fit ſes quatre Lignes, nommant pour Paternelles CVL & GRAMMONT, jurées par Hardoüin d'Amandre, & Iean de Raincour, & pour Maternelles MELIGNY & VAVDREY, jurées par Ferdinand de Viſemal, & Claude Louis d'Andelot.

CVL *Porte de Gueule à quatre Pals d'Argent.*

MELIGNY *Blaſonné cy-deuant.*

GRAMMONT *Porte d'AZur à trois Bus de Reynes de Carnation coiffées, ornées & coronnées d'Or.*

VAVDREY *comme cy-deuant.*

MARENCHES

MARENCHES LONGEVILLE

MARENCHES

BOVTECHOV L'EGVISIER

B.R

# 49

# ANTOINE
# DE MARENCHES.

C E Confrere se presenta à la Confrerie tenuë à Vesoul en l'année 1657, & y justifia ses Lignes, sçauoir MARENCHES & BOVTECHOVX, jurées chacune par quatre Confreres pour n'auoir encore esté reconnu en ladite Confrerie qui furent Gerard de Rosieres, François de Vers, Melchior de Grachaux & Antoine François de Crosey pour l'vne, & Leonor Philibert de Vaudrey, Henry de Champagne, Iean de Raincour & Thomas de Mouftier pour l'autre, & pour Maternelles LONGÉVILLE & L'EQVISIER, jurées par Claude Louis d'Andelot & Iean Claude de Chaffoy.

MARENCHES *Porte d'Azur au Lyon d'Or à trois Baftons de Sable peris en Bande brochants sur le tout.*

LONGEVILLE *Porte d'Argent à l'Aigle à deux teftes de Sable.*

BOVTECHOVX *Porte d'Or à trois branchettes Tronçonnées de Sable au Chef d'Azur chargé d'vn Croiffant d'Argent.*

L'EQVISIER *Porte d'Azur au Muffle de Leopard d'Argent.*

CHASSAGNE

CHASSAGNE   MONTRICHARD

SAINT MAVRIS   VAVDREY

# 50

# IEAN CLAVDE
# DE CHASSAGNE

EN la Confrerie tenuë à Vesoul en l'an 1657 il fut admis & reçeu au nombre des Confreres ayant verifié pour ses Lignes CHASSAGNE & SAINT MAVRIS LEMVY pour Paternelles la premiere jurée par Affricain de Montagut, Iean de Raincour, Claude Antoine de Vaudrey & François de Trestondam, & l'autre par Henry de Champagne & pour Maternelles MONTRICHARD & VAVDREY jurées par François de Vers & Claude François de l'Allemand.

CHASSAGNE *Porte d'Argent à trois Cottices de Sable escartelé d'Argent à trois quinte feuilles percées aussi de Sable.*

MONTRICHARD *Porte de vair à la Croix de Gueule.*

SAINT MAVRIS LEMVY *Blasonné cy-deuant.*

VAVDREY *Porte de Gueule à vne Ammanchure de deux pieces d'Argent.*

VESOVL

VESOVL · SAINT BELIN ·

MELIGNY · RAINCOVR ·

B.R

# 51

# CLAVDE
# DE VESOVL.

IL fut reçeu en la Confrerie tenuë en la ville de Vefoul l'an 1659, où Humbert Louis de Vefoul fon Frere eftoit Baftonnier fes Lignes, ayant efté jurées fçauoir pour Paternelles VESOVL & MELIGNY par Leonor Philibert de Vaudrey & François de Vers, & pour Maternelles SAINT BELIN & RAINCOVR jurées par Hierofme Balthazar de Cul & Claude Antoine de Vaudrey.

VESOVL *Porte de Sable à la Fafce d'Or fur-hauffée en Chef d'vn Leurier paffant d'Argent accollée d'Or & trois Quinte feuilles percées d'Argent en pointe.*

SAINT BELIN *Porte d'Azur à trois Teftes de Belier d'Argent accornez d'Or.*

MELIGNY *Blafonné cy-deuant.*

RAINCOVR *Porte ainfi qu'il eft raporté cy-deffus.*

MONTFORT

MONTFORT BEAVIEV

THOIRE GVERCHE

PETRVS DE LOISY BISVNTINVS FECIT ET EXCVDIT 1663

# 52

# PHILIPPE EMANVEL
# DE MONTFORT,

CE fut en la Confrerie tenuë à Salins & celebrée en la Chapelle de noftre Dame Liberatrice en l'an 1661 ou eftoit Baftonnier Marc de Montagut, qu'il fut admis & reçeu au nombre des Confreres apres auoir iuftifié fes Lignes de Nobleffe fçauoir pour Paternelles MONTFORT & THOIRE, qui furent jurées par Michel de Villers La Faye, Gerard de Rofieres, Claude Antoine de Vaudrey & Leonor Philibert de Vaudrey, pour la premiere, & pour l'autre Michel de Villers La Faye, Henry de Champagne, Gerard de Rofieres, & Ferdinand de Vifemal, & pour Maternelles BEAVIEV & GVERCHE jurées par Claude Louis de Falletans, & Iean François de Vy.

MONTFORT *Porte d'Or à trois pals d'Azur.*

BEAVIEV *Porte de Gueule à quatre Fafces d'Argent.*

THOIRE *Porte d'Azur à la Bande d'Argent.*

GVERCHE *comme cy-deuant.*

SAINT MAVRIS

SAINT MAVRIS · COINTET
VILLAFANS · LA TOVR

PETRVS DE LOISY BISVNTINVS FECIT ET EXCVDIT · 1762

# 53

# FRANCOIS
# DE SAINT MAVRIS

**E**N la Confrerie celebrée en la grande Eglife de Vefoul l'an 1662, où Gerard de Rofieres fut Baftonnier, il fut admis au nombre des Confreres en fuitte de la verification de fes Lignes de Noblefle, fçauoir pour Paternelles SAINT MAVRIS & VILLAFFANS jurées par Iean Baptifte de Gilley, & Claude Louis de Falletans, & pour Maternelles COINTET & LA TOVR SAINT QVENTIN, jurées par Leonor Philibert de Vaudrey & Gerard de Rofieres.

SAINT MAVRIS *Porte de Sable à deux Fafces d'Argent.*

COINTET *Blafonné cy-deuant.*

VILLAFFANS *S'arme comme cy-deuant.*

LA TOVR SAINT QVENTIN *Porte d'Or à la Bande de Gueule au Franc Canton d'Azur.*

SAINT MORIS

SAINT MORIS · LESCOT · TVILLIERES · LYONS

# 54

# FERDINAND

# DE SAINT MORIS.

**I**L fut reçeu en la mefme Confrerie que le precedent, ayant nommé pour fes quatre Lignes, fçauoir pour Paternelles SAINT MORIS & TVILLIERES, jurées par Iean Baptifte de Gilley & François de Vers & pour Maternelles LESCOT jurée par Leonor Philibert de Vaudrey, Claude Louis d'Andelot, Claude Antoine de Vaudrey, & Melchior de Grachaux, & LYONS par Claude de Poligny, Gerard de Rofieres Philippe Emanuel de Montfort & Hierofme Balthazar de Cul.

SAINT MORIS *Porte de Gueule au Cheuron d'Argent accompagné de deux Eftoiles d'Argent en chef & vne Rofe de mefme en pointe.*

LESCOT *Porte de Gueule à deux branches de bois tronçonnées d'Argent mifes en cheuron & vne tefte de Bœuf de mefme accornée d'Or en pointe.*

TVILLIERES *Porte de Gueule à vne Clef d'Or mife en pal, au milieu de dix Billettes de mefme.*

LYONS *Porte d'Azur au Lyon d'Or.*

CROSEY

CROSEY

RONCHAVX

ALEMAND

VAVX

# ANTOINE FRANCOIS
# DE CROSEY

SA Reception se fit en la Confrerie tenuë à Besançon & solemnisée en l'Eglise desdits Reuerends Peres Carmes de l'ancienne obser- uance, en l'an 1663 apres auoir justifié ses Lignes, sçauoir pour Paternelles CROSEY & ALLEMAND MOLPRE', jurées par Iean de Bressey & Leonor Philibert de Vaudrey, & pour Maternelles RONCHAVX jurée par Pierre du Pin, Hardoüin d'Amandre, François de Vers & Iean Claude de Chassagne & VAVX par Claude François l'Alle- mant, Philippe Guillaume de Montrichard, François de Saint Mauris & Gerard de Rosieres.

CROSEY *Porte d'Argent à Lours menassant de Sable.*

RONCHAVX *d'Azur à quatre Besants d'Or mis en Croix auec deux Croissants de mesme, opposés l'vn à l'autre.*

ALLEMAND MOLPRE' *Porte de Gueule à trois Aigles d'Or.*

VAVX *Porte d'Azur à trois Bonnets d'Albanois d'Or.*

LA TOVR

LA TOVR   ENSKERQVE

GILLEY   LA TOVR

B.R

# IEAN CLAVDE
# DE LA TOVR S. QVENTIN

**I**L fut reçeü en la préfente année 1663 & en la derniere Confrerie folemnifée aux Carmes de Befançon où fes Lignes furent jurées fçauoir La Tovr Saint Qventin & Gilley pour Paternelles, par Leonor Philibert de Vaudrey & Claude Louis de Falletans, & pour fes Maternelles Enskerqve & La Tovr Saint Qventin, cette premiere, jurée à l'ordinaire par Michel de Villers la Faye, Hardoüin d'Amandre, Melchior de Grachaux & François de Vers, & l'autre par Thomas de Mouftier.

La Tovr Saint Qventin *Porte d'Or à la Bande de Gueule au Franc Canton d'Azur.*

Enskerqve *Porte d'Azur à trois Harens d'Argent mis en Fafce l'un fur l'autre & coronnés d'Or.*

Gilley *Porte d'Argent au Chefne de Sinople.*

La Tovr Saint Qventin *Blafonné cy-deffus.*